Das bin ich

Ich heiße:

Hier wohne ich:

Telefon:

Platz für mein Foto

Ich bin in der Klasse

| **1** | a | b | c | d | e |

Meine Schule

Name:

Straße:

Ort:

Telefon:

E-Mail:

AF204565

Mein Stundenplan

	Montag	Dienstag	Mittwoch	Donnerstag	Freitag
1					
2					
3					
4					
5					
6					

	Montag	Dienstag	Mittwoch	Donnerstag	Freitag
1					
2					
3					
4					
5					
6					

	Montag	Dienstag	Mittwoch	Donnerstag	Freitag
1					
2					
3					
4					
5					
6					

	Montag	Dienstag	Mittwoch	Donnerstag	Freitag
1					
2					
3					
4					
5					
6					

Meine Woche

Montag ....

....

....

....

Dienstag ....

....

....

....

Mittwoch ....

....

....

....

Donnerstag ....

☑

....

....

....

Freitag ....

☑

....

....

....

Infos

....
Unterschrift Erziehungsberechtigte(r)   *Lehrkraft*

Meine Woche

Montag ....
....
....
....

☑

Dienstag ....
....
....
....

☑

Mittwoch ....
....
....
....

☑

Donnerstag ....

....

....

....

Freitag ....

....

....

....

Infos

....
Unterschrift Erziehungsberechtigte(r)   *Lehrkraft*

Meine Woche

Montag ....

....

....

....

Dienstag ....

....

....

....

Mittwoch ....

....

....

....

Donnerstag

....

....

....

✓

Freitag

....

....

....

✓

Infos

....

Unterschrift Erziehungsberechtigte(r)   *Lehrkraft*

Meine Woche

Montag ....

....

....

....

Dienstag ....

....

....

....

Mittwoch ....

....

....

....

Donnerstag

....

....

....

Freitag

....

....

....

Infos

....

Unterschrift Erziehungsberechtigte(r)   *Lehrkraft*

Meine Woche

Montag
....
....
....
....

☑
☐
☐
☐

Dienstag
....
....
....
....

☑
☐
☐
☐

Mittwoch
....
....
....
....

☑
☐
☐
☐

Donnerstag .... ✓

....

....

....

Freitag .... ✓

....

....

....

Infos

....

Unterschrift Erziehungsberechtigte(r)   *Lehrkraft*

Meine Woche

Montag .... ✓

....

....

....

Dienstag .... ✓

....

....

....

Mittwoch .... ✓

....

....

....

Donnerstag .... ✓

....

....

....

Freitag .... ✓

....

....

....

Infos

....
Unterschrift Erziehungsberechtigte(r)   *Lehrkraft*

Meine Woche

Montag ....

....

....

....

✓

Dienstag ....

....

....

....

✓

Mittwoch ....

....

....

....

✓

Donnerstag

....

....

....

....

✔

Freitag

....

....

....

....

✔

Infos

....

Unterschrift Erziehungsberechtigte(r)   *Lehrkraft*

Meine Woche

Montag .... ✓

....

....

....

Dienstag .... ✓

....

....

....

Mittwoch .... ✓

....

....

....

Donnerstag

✓
☐
☐
☐

Freitag

✓
☐
☐
☐

Infos

....
Unterschrift Erziehungsberechtigte(r)   *Lehrkraft*

Meine Woche

Montag

....
....
....
....

☑ ☐ ☐ ☐

Dienstag

....
....
....
....

☑ ☐ ☐ ☐

Mittwoch

....
....
....
....

☑ ☐ ☐ ☐

Donnerstag .... ✓

....

....

....

Freitag .... ✓

....

....

....

Infos

....

Unterschrift Erziehungsberechtigte(r)   *Lehrkraft*

Meine Woche

Montag..

....

....

....

Dienstag..

....

....

....

Mittwoch..

....

....

....

Donnerstag

☑
☐
☐
☐

Freitag

☑
☐
☐
☐

Infos

....

Unterschrift Erziehungsberechtigte(r)   *Lehrkraft*

Meine Woche

Montag ....

....

....

....

☑

Dienstag ....

....

....

....

☑

Mittwoch ....

....

....

....

☑

Donnerstag ....

....

....

....

✓
☐
☐
☐

Freitag ....

....

....

....

✓
☐
☐
☐

Infos

....
Unterschrift Erziehungsberechtigte(r)   *Lehrkraft*

Meine Woche

Montag .... ✓

....

....

....

Dienstag .... ✓

....

....

....

Mittwoch .... ✓

....

....

....

Donnerstag ....

✓

☐

☐

☐

....

....

....

Freitag ....

✓

☐

☐

☐

....

....

....

Infos

....

Unterschrift Erziehungsberechtigte(r)   *Lehrkraft*

Meine Woche

Montag .... ✓

....

....

....

Dienstag .... ✓

....

....

....

Mittwoch .... ✓

....

....

....

Donnerstag

....

....

....

....

✓

☐

☐

☐

Freitag

....

....

....

....

✓

☐

☐

☐

Infos

....

....

Unterschrift Erziehungsberechtigte(r)   *Lehrkraft*

Meine Woche

Montag .... ✓
....
....
....

Dienstag .... ✓
....
....
....

Mittwoch .... ✓
....
....
....

Donnerstag

....

✓

....

....

....

Freitag

....

✓

....

....

....

Infos

....

Unterschrift Erziehungsberechtigte(r)   *Lehrkraft*

Meine Woche

Montag ....

....

....

....

Dienstag ....

....

....

....

Mittwoch ....

....

....

....

Donnerstag .... ✓

....

....

....

Freitag .... ✓

....

....

....

Infos

....

Unterschrift Erziehungsberechtigte(r)   *Lehrkraft*

Meine Woche

Montag ....
....
....
....

Dienstag ....
....
....
....

Mittwoch ....
....
....
....

Donnerstag

··

··

··

✓

Freitag

··

··

··

··

✓

Infos

·· ··

Unterschrift Erziehungsberechtigte(r) *Lehrkraft*

Meine Woche

Montag ....

....

....

....

Dienstag ....

....

....

....

Mittwoch ....

....

....

....

Donnerstag ....

....

....

....

Freitag ....

....

....

....

Infos

....

Unterschrift Erziehungsberechtigte(r)   *Lehrkraft*

Meine Woche

Montag ....

....

....

....

☑ ☐ ☐ ☐

Dienstag ....

....

....

....

☑ ☐ ☐ ☐

Mittwoch ....

....

....

....

☑ ☐ ☐ ☐

Donnerstag .... ✓

☐

☐

☐

....

....

....

Freitag .... ✓

☐

☐

☐

....

....

....

Infos

....

Unterschrift Erziehungsberechtigte(r)   *Lehrkraft*

Meine Woche

Montag .... ✓

.... ☐

.... ☐

.... ☐

Dienstag .... ✓

.... ☐

.... ☐

.... ☐

Mittwoch .... ✓

.... ☐

.... ☐

.... ☐

Donnerstag .... ✓

.... ☐

.... ☐

.... ☐

Freitag .... ✓

.... ☐

.... ☐

.... ☐

Infos

....

Unterschrift Erziehungsberechtigte(r)   *Lehrkraft*

Meine Woche

Montag
....
....
....
....

☑
☐
☐
☐

Dienstag
....
....
....
....

☑
☐
☐
☐

Mittwoch
....
....
....
....

☑
☐
☐
☐

Donnerstag ....

✓

☐

☐

☐

....

....

....

Freitag ....

✓

☐

☐

☐

....

....

....

Infos

....

Unterschrift Erziehungsberechtigte(r)   *Lehrkraft*

Meine Woche

Montag ....

....

....

....

Dienstag ....

....

....

....

Mittwoch ....

....

....

....

Donnerstag ....

✓

....

....

....

Freitag ....

✓

....

....

....

Infos

....

Unterschrift Erziehungsberechtigte(r)   *Lehrkraft*

Meine Woche

Montag ....

....

....

....

✓

Dienstag ....

....

....

....

✓

Mittwoch ....

....

....

....

✓

Donnerstag

....

....

....

☑

Freitag

....

....

....

☑

Infos

....
Unterschrift Erziehungsberechtigte(r)   Lehrkraft

Meine Woche

Montag ....

....

....

....

☑

Dienstag ....

....

....

....

☑

Mittwoch ....

....

....

....

☑

Donnerstag

....

....

....

....

Freitag

....

....

....

....

Infos

....

Unterschrift Erziehungsberechtigte(r)   *Lehrkraft*

Meine Woche

Montag ....
....
....
....

Dienstag ....
....
....
....

Mittwoch ....
....
....
....

Donnerstag .... ✓

....

....

....

Freitag .... ✓

....

....

....

Infos

....

Unterschrift Erziehungsberechtigte(r)   *Lehrkraft*

Meine Woche

Montag ....
....
....
....

Dienstag ....
....
....
....

Mittwoch ....
....
....
....

Donnerstag ....

Freitag ....

Infos

....
Unterschrift Erziehungsberechtigte(r)   *Lehrkraft*

Meine Woche

Montag .... ✓

....

....

....

Dienstag .... ✓

....

....

....

Mittwoch .... ✓

....

....

....

Donnerstag ....

....

....

....

Freitag ....

....

....

....

Infos

....
Unterschrift Erziehungsberechtigte(r)   *Lehrkraft*

Meine Woche

Montag ....

....

....

....

✓

Dienstag ....

....

....

....

✓

Mittwoch ....

....

....

....

✓

Donnerstag ....

✓

....

....

....

Freitag ....

✓

....

....

....

Infos

....

Unterschrift Erziehungsberechtigte(r)   *Lehrkraft*

Meine Woche

Montag .... ✓

....

....

....

Dienstag .... ✓

....

....

....

Mittwoch .... ✓

....

....

....

Donnerstag .... ✓

.... ☐

.... ☐

.... ☐

Freitag .... ✓

.... ☐

.... ☐

.... ☐

Infos

....

Unterschrift Erziehungsberechtigte(r)   *Lehrkraft*

Meine Woche

Montag ....
....
....
....

Dienstag ....
....
....
....

Mittwoch ....
....
....
....

Donnerstag

Freitag

Infos

....
Unterschrift Erziehungsberechtigte(r)   *Lehrkraft*

Meine Woche

Montag ....

....

....

....

Dienstag ....

....

....

....

Mittwoch ....

....

....

....

Donnerstag ....

✓

....

....

....

Freitag ....

✓

....

....

....

Infos

....

Unterschrift Erziehungsberechtigte(r)   *Lehrkraft*

Meine Woche

Montag .... ✓

....

....

....

Dienstag .... ✓

....

....

....

Mittwoch .... ✓

....

....

....

Donnerstag

.... ✓

.... ☐

.... ☐

.... ☐

Freitag

.... ✓

.... ☐

.... ☐

.... ☐

Infos

....

Unterschrift Erziehungsberechtigte(r)   *Lehrkraft*

Meine Woche

Montag ....

....

....

....

Dienstag ....

....

....

....

Mittwoch ....

....

....

....

Donnerstag ....
....
....
....

☑
☐
☐
☐

Freitag ....
....
....
....

☑
☐
☐
☐

Infos

....
Unterschrift Erziehungsberechtigte(r)   *Lehrkraft*

Meine Woche

Montag ....

....

....

....

✓
☐
☐
☐

Dienstag ....

....

....

....

✓
☐
☐
☐

Mittwoch ....

....

....

....

✓
☐
☐
☐

Donnerstag ....

....

....

....

✓

Freitag ....

....

....

....

✓

Infos

....

Unterschrift Erziehungsberechtigte(r) *Lehrkraft*

Meine Woche

Montag .... ✓

.... ☐

.... ☐

.... ☐

Dienstag .... ✓

.... ☐

.... ☐

.... ☐

Mittwoch .... ✓

.... ☐

.... ☐

.... ☐

Donnerstag .... ✓

....

....

....

Freitag .... ✓

....

....

....

Infos

....
Unterschrift Erziehungsberechtigte(r)   *Lehrkraft*

Meine Woche

Montag ....
....
....
....

Dienstag ....
....
....
....

Mittwoch ....
....
....
....

Donnerstag

....

....

....

....

✓

Freitag

....

....

....

....

✓

Infos

....
Unterschrift Erziehungsberechtigte(r)   *Lehrkraft*

Meine Woche

Montag ....

....

....

....

☑

□

□

□

Dienstag ....

....

....

....

☑

□

□

□

Mittwoch ....

....

....

....

☑

□

□

□

Donnerstag ....

✓

....

....

....

Freitag ....

✓

....

....

....

Infos

....

Unterschrift Erziehungsberechtigte(r)   *Lehrkraft*

Meine Woche

Montag ....

....

....

....

Dienstag ....

....

....

....

Mittwoch ....

....

....

....

Donnerstag ....

....

....

....

Freitag ....

....

....

....

Infos

....
Unterschrift Erziehungsberechtigte(r)   *Lehrkraft*

Meine Woche

Montag .... ✓

....

....

....

Dienstag .... ✓

....

....

....

Mittwoch .... ✓

....

....

....

Donnerstag .... ✓

....

....

....

Freitag .... ✓

....

....

....

Infos

....
Unterschrift Erziehungsberechtigte(r)   *Lehrkraft*

Meine Woche

Montag .... ✓

.... ☐

.... ☐

.... ☐

Dienstag .... ✓

.... ☐

.... ☐

.... ☐

Mittwoch .... ✓

.... ☐

.... ☐

.... ☐

Donnerstag .... ✓

....

....

....

Freitag .... ✓

....

....

....

Infos

....
Unterschrift Erziehungsberechtigte(r)   *Lehrkraft*

Meine Woche

Montag..

....

....

....

Dienstag..

....

....

....

Mittwoch..

....

....

....

Donnerstag ....
....
....
....

✓

☐

☐

☐

Freitag ....
....
....
....

✓

☐

☐

☐

Infos

....
Unterschrift Erziehungsberechtigte(r)   Lehrkraft

Meine Woche

Montag ....
....
....
....

☑
☐
☐
☐

Dienstag ....
....
....
....

☑
☐
☐
☐

Mittwoch ....
....
....
....

☑
☐
☐
☐

Donnerstag ....

☑
☐
☐
☐

....

....

....

Freitag ....

☑
☐
☐
☐

....

....

....

Infos

....

....

Unterschrift Erziehungsberechtigte(r)   Lehrkraft

Meine Woche

Montag .... ✓

.... ☐

.... ☐

.... ☐

Dienstag .... ✓

.... ☐

.... ☐

.... ☐

Mittwoch .... ✓

.... ☐

.... ☐

.... ☐

Donnerstag .... ✓

....

....

....

Freitag .... ✓

....

....

....

Infos

....

Unterschrift Erziehungsberechtigte(r)   *Lehrkraft*

Meine Fehlzeiten

Mein Kind konnte am .... nicht am Unterricht teilnehmen. Ich bitte, dies zu entschuldigen.

....
Unterschrift Erziehungsberechtigte(r)   *Lehrkraft*

Mein Kind konnte am .... nicht am Unterricht teilnehmen. Ich bitte, dies zu entschuldigen.

....
Unterschrift Erziehungsberechtigte(r)   *Lehrkraft*

Mein Kind konnte am .... nicht am Unterricht teilnehmen. Ich bitte, dies zu entschuldigen.

....
Unterschrift Erziehungsberechtigte(r)   *Lehrkraft*

Mein Kind konnte am .... nicht am Unterricht teilnehmen. Ich bitte, dies zu entschuldigen.

....
Unterschrift Erziehungsberechtigte(r)   *Lehrkraft*

Mein Kind konnte am .... nicht am Unterricht teilnehmen. Ich bitte, dies zu entschuldigen.

....
Unterschrift Erziehungsberechtigte(r)   *Lehrkraft*